Ffôn Lowri

I gyd-fynd â Taith Iaith 2

Leisa Jarman

Lluniau gan Anne Lloyd Cooper

Cyhoeddwyd gan **Y Ganolfan Astudiaethau Addysg**, Aberystwyth gyda chymorth ariannol Awdurdod Cymwysterau, Cwricwlwm ac Asesu Cymru.
Gwefan: www.caa.aber.ac.uk

ISBN: 1 84521 022 0
ISBN: 1 84521 025 5 (set)

Golygwyd gan Fflur Pughe a Non ap Emlyn
Dyluniwyd gan Richard Huw Pritchard

Diolch i Aled Loader, Luned Ainsley, Ann Lewis, Angharad Evans, Gwenan Nicholas a Dafydd Roberts am eu harweiniad gwerthfawr.

Argraffwyr: Gwasg Gomer

Dyma ffôn Lowri

Rydw i'n glyfar!

Rydw i'n anfon negeseuon testun.

Rydw i'n derbyn negeseuon testun.

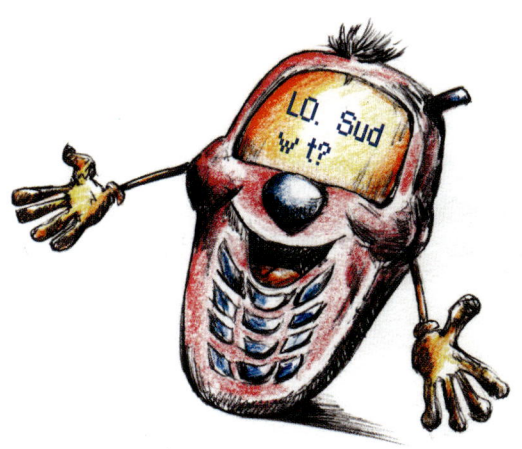

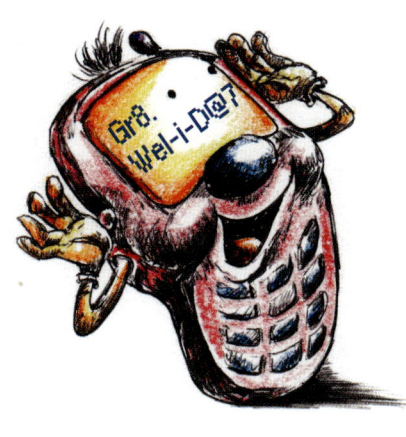

Rydw i'n medru mynd ar y we.

Rydw i'n canu'n dda.

Rydw i'n dirgrynu weithiau.

Weithiau, rydw i'n teimlo'n wan achos mae'r batri'n isel.

Rhaid gwefru'r batri.

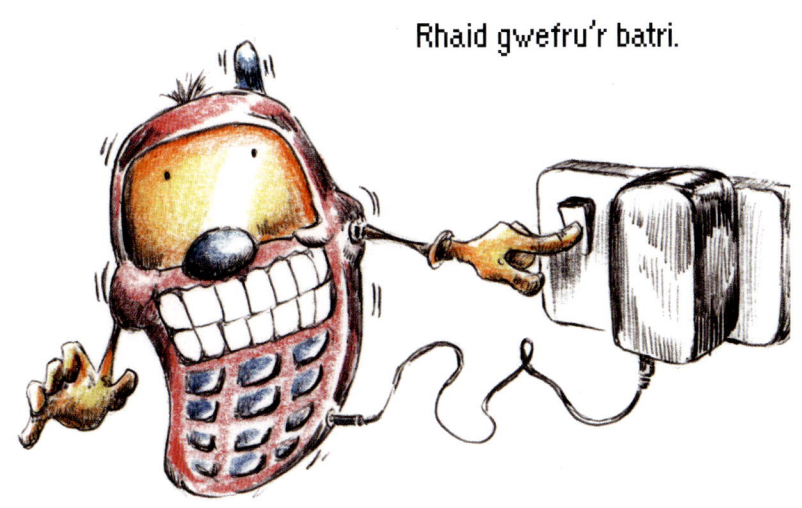

Rydw i'n caru Lowri,
fy mherchennog.

Nos Sul, Hydref 12

O h-e-l-p! H-e-l-p! Mae'r ystafell yma'n oer . . . ac yn dywyll!
Mae'r drôr yma'n oer ac yn dywyll! Rydw i eisiau mynd adre!

Rydw i yma yn yr ysgol . . . yn oer . . . yn ddiflas . . . yn y nos. Pam?

Wel, un o reolau'r ysgol ydy "Dim ffonau symudol yn yr ysgol"! Ond ydy
Lowri'n gwrando? Nac ydy. Felly, weithiau, mae hi'n dod â fi i'r ysgol yn
ei bag!

Yna, ddydd Gwener, yn ystod y wers Gymraeg,
roedd hi'n anfon neges destun at Rhys.

Wel-i-D@7
Srd fo t wdn
LOG
L

Cariad Lowri ydy Rhys.

Gwelodd yr athro Lowri'n anfon neges destun. Roedd o'n flin iawn!

Roedd rhaid i Lowri fynd at y pennaeth. Roedd o'n flin hefyd . . . a dyna
pam rydw i yn y drôr oer, tywyll.

Rhaid i fi aros yma tan yfory. Yna, bydd Lowri yn mynd â fi adre –
gobeithio!

Dydd Llun, Hydref 13

Rydw i'n dod allan o'r drôr. Hwrê! Mae'r pennaeth yn siarad â Lowri, ond dydw i ddim yn medru clywed beth mae o'n ddweud. Rydw i'n teimlo'n wan! Mae'r batri'n isel! Rydw i eisiau mynd adre! Rhaid gwefru'r batri.

Dydd Mawrth, Hydref 14

O na! Rydw i yn yr ysgol eto! Rydw i yn y bag ac rydw i'n medru clywed y disgyblion yn siarad ac yn gweiddi ac yn rhedeg o gwmpas.

Rhaid i Lowri fod yn ofalus. Dydw i ddim eisiau cysgu yn y drôr heno eto.

Rydw i'n crynu fel deilen. Dydw i ddim yn medru canu rŵan – mae Lowri wedi pwyso botymau i stopio fy nghân. Dydw i ddim yn hoffi dirgrynu. Mae'n well gen i ganu.

Dydd Mercher, Hydref 15

O na! Mae Lowri yn newid fy nghân. Pam? Roeddwn i'n hoffi'r hen gân. Roedd hi'n hyfryd.

Rŵan, rhaid i mi ddysgu cân newydd.

O wel dyma ni . . . dym di dym dym! dym di dym dym!

Dydd Iau, Hydref 16

Rydw i'n teimlo'n wan, wan, wan. Rydw i wedi bod yn anfon a derbyn negeseuon testun drwy'r dydd.

Pam?

Mae Rhys wedi gorffen efo Lowri.

Mae Lowri wedi bod yn anfon negeseuon testun at Rhys,

Dydy o ddim yn ateb. Mae o'n blentynnaidd.

Mae ffrindiau Lowri wedi bod yn anfon negeseuon testun drwy'r dydd.

Td allan fo ni hno

Mae hi'n ddiflas iawn.

Dydd Gwener, Hydref 17

Bobol bach, mae eisiau bwyd arna i!

Rydw i wedi bod yn anfon ac yn derbyn mwy o negeseuon testun ac felly rydw i wedi bwyta'r credyd i gyd!

Rhaid i mi gael credyd!

Dydd Sadwrn, Hydref 18

Hwrê! Credyd!

Rydw i'n teimlo'n well rŵan.

Mae Rhys wedi bod yn anfon negeseuon testun at Lowri drwy'r dydd.

Ond dydy Lowri ddim yn ateb negeseuon Rhys rŵan! Mae Lowri wedi pwdu efo Rhys.

Dydd Sul, Hydref 19

Mae hi'n saith o'r gloch y bore a dydw i ddim yn hoffi deffro'n gynnar!
Dydw i ddim yn medru canu'n dda iawn yn y bore.

Mae Lowri'n flin efo Rhys achos ffoniodd o'n gynnar iawn.

Bobol bach!

Dydd Llun, Hydref 20

O na! Beth mae Lowri'n wneud? Rydw i yn yr ysgol eto! Ond, diolch byth, rydw i yn y bag.

Mae Lowri'n mynd i'r neuadd. Mae pawb yn mynd i'r neuadd. Felly, rhaid i mi aros yn yr ystafell ddosbarth.

Help! Beth sy'n digwydd?

Beth ydy'r llaw fawr yna? O naaaaaaaaaaaa! H-e-l-p! Dydw i ddim eisiau dod allan o'r bag! H-e-l-p! Dydw i ddim eisiau mynd i mewn i boced dywyll. Mae'r boced yn llawn sbwriel. Ond poced pwy?

Dydw i ddim eisiau bod yma.

Dydd Mawrth, Hydref 21

Rydw i mewn ystafell wely flêr.

Mae trowsus, sanau, trôns, crysau T ar y llawr . . . ar y gwely . . . ar y bwrdd . . . ac ar y cadeiriau! Mae papurau a llyfrau ar y llawr. Mae hi'n ofnadwy yma!

Rydw i yn ystafell wely ddrewllyd Ben – Ben Blwyddyn 9! Ben, y lleidr barus.

Ooo, rydw i eisiau mynd adre at Lowri.

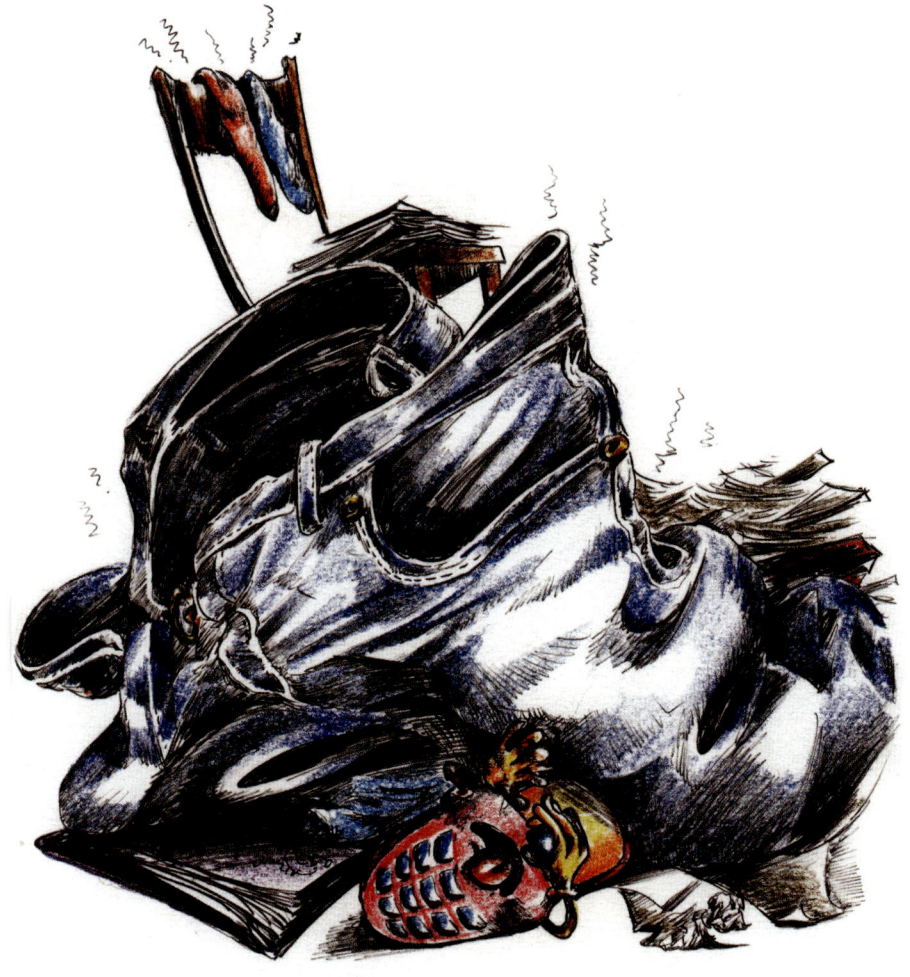

Dydd Mercher, Hydref 22

Rydw i yn ystafell Ben o hyd – o dan jîns glas, siwmper ych a fi a sanau drewllyd!

Neithiwr, darllenodd Ben fy negeseuon testun i gyd. Darllenodd o negeseuon Lowri at Rhys a negeseuon Rhys at Lowri. Roedd o'n chwerthin ac yn chwerthin! Dydy o ddim yn fachgen neis iawn.

Daeth mam Ben i mewn i'r ystafell tua naw o'r gloch. Felly, stwffiodd Ben fi o dan y jîns, y siwmper a'r sanau!

Ooo, rydw i eisiau mynd adre.

Dydd Iau, Hydref 23

Rydw i yn ystafell Ben o hyd, ond mae gen i ffrindiau newydd. Mae tri ffôn arall yma. Pam mae Ben eisiau pedwar ffôn? Mae Ben yn fachgen drwg iawn!

Dydd Gwener, Hydref 24

Diwrnod ofnadwy!

Taflodd Ben fi a'r tri ffôn arall i fag tywyll, drewllyd. Yna, aethon ni ar y bws. Taflodd Ben y bag o dan y sedd. Roedd y daith yn ofnadwy. Roedd y bws yn mynd yn gyflym. Roeddwn i'n teimlo'n sâl!

Yna, ar ôl chwarter awr, rhedodd Ben o'r bws yn gyflym. Roedd y bag yn ysgwyd. Roeddwn i'n ysgwyd.

Roedd rhywun yn rhedeg ar ôl Ben. Roedd rhywun yn gweiddi.

Syrthiodd Ben i'r llawr. Syrthiais i i'r llawr.

Dydd Sadwrn, Hydref 25

Hwrê! Rydw i ar ddesg yn swyddfa'r heddlu. Mae Ben yma hefyd. Mae Ben yn mynd i fod yma am amser hir iawn, rydw i'n meddwl.

Mae'r heddlu wedi dal Ben, y lleidr. Mae'r heddlu wedi dal Ben am ddwyn ffonau symudol.

Dydd Sul, Hydref 26

Rydw i wrth fy modd. Rydw i yn llaw Lowri unwaith eto. Mae hi'n hapus iawn hefyd.

Mae hi wedi anfon negeseuon testun at ei ffrindiau i gyd. Mae ffrindiau Lowri wedi anfon negeseuon testun at Lowri hefyd.

Mae Rhys wedi anfon neges at Lowri.

Cyfrfd @7
ctfi'r Sgwr
CM
Rh

Mae Lowri wedi ateb ei neges.

Gr8
CTL
Wel-i-D
XOXOX